LK 7/1351

NOTES HISTORIQUES

SUR

LA VILLE DE BOURGES

Son origine, ses fortifications, ses monuments Gallo-romains civils,

PAR

M. Charles RIBAULT DE LAUGARDIÈRE,

Substitut du Procureur impérial près le Tribunal de première instance de Clamecy.

(EXTRAIT DE L'ALMANACH DU DÉPARTEMENT DU CHER.)

———oo§o§oo———

BOURGES,

IMPRIMERIE DE E. PIGELET.

—

1858.

NOTES HISTORIQUES

SUR

LA VILLE DE BOURGES,

SON ORIGINE, SES FORTIFICATIONS, SES MONUMENTS GALLO-ROMAINS CIVILS.

I.

De toutes les questions historiques, celle que l'on doit aborder avec le plus de circonspection est sans contredit la question des origines. Tout, dans cette matière, est nécessairement obscur, incertain : cela peut être dit en thèse générale, qu'il s'agisse des commencements d'un peuple, d'une ville ou d'une famille. Les difficultés s'augmentent avec l'âge, et les ombres de l'inconnu s'épaississent sur le point qu'il s'agirait d'élucider, en raison directe de l'antiquité des établissements, nous dirions presque des naissances, que l'histoire prend pour type d'étude.

A coup sûr cette réflexion s'applique pleinement au cas particulier des origines de

Bourges, le vieil *Avarich* ou *Avarico* (1) des Bituriges Cubi, de cette puissante tribu gauloise dont Tite-Live a dit : *Tarquinio Prisco Romæ regnante, Celtarum quæ pars Galliæ est tertia, summa imperii penes Bituriges fuit ; ii regem Celtico dabant.* — A l'époque où Tarquin l'Ancien régnait à Rome, les Bituriges avaient la souveraine puissance sur le pays des Celtes, tierce partie de la Gaule : ils donnaient un roi à la Celtique. (2) — C'est dans cette phrase de l'historien romain, premier monument écrit de la vieille gloire berruyère, que le seizième siècle est allé puiser la devise dont s'orne et s'enorgueillit encore l'écusson des armoiries de Bourges : SUMMA IMPERII PENES BITURIGES ! devise qui ceignit le front de l'antique cité d'une magnifique auréole, à la splendeur posthume de laquelle, peut-être oublia-t-elle trop qu'après plusieurs renaissances, son lustre passé déclinait de siècle en siècle, aux yeux indifférents des générations modernes.

Le premier jalon de notre histoire provinciale posé par approximation à la fin du viie siècle avant J.-C., reste à savoir si, à cette date, lorsque les deux neveux d'Ambigat formèrent leurs célèbres migrations, la ville qui devait être Bourges existait déjà. Cela est probable.

---

(1) Des médailles gauloises portent ce dernier nom en légende.
(2) *Lib.* V, 34.

M. de Barral, préfet du premier empire, signalant dans son *Mémoire* manuscrit *sur les Châteaux du département du Cher*, cette singulière tranchée connue sous le nom de *Fossé du grand géant*, qui se poursuit sur environ 10 kilomètres depuis Yvoy-le-Pré jusqu'au-delà d'Henrichemont, enregistre à ce sujet une tradition locale d'après laquelle le Géant, auteur de cet immense travail, aurait voulu, tandis qu'il l'exécutait, bâtir une ville à Quantilly ; mais sur l'opposition des indigènes, il serait allé fonder son établissement au point de jonction de l'Yèvre et de l'Auron, lieu où serait tombé son marteau qu'il aurait lancé au loin comme pour prendre possession de la terre(1). Notre ami, M. Boyer, a dernièrement rencontré aux environs mêmes d'Henrichemont, une nouvelle version de cette légende qui complète la première, et que nous lui demandons la permission de reproduire d'après le souvenir que nous a laissé son récit. Le Grand Géant qui arrivait par les bords de la Loire, aurait été accompagné d'une femme semblable à lui qui se serait, elle aussi, opposée à ce qu'il s'établît à Quantilly ; plein de colère, le Grand Géant aurait jeté avec violence son marteau, en jurant d'élever sa ville à l'endroit où il le retrouverait ; le marteau serait venu tomber au milieu

---

1 Vor l'*Histoire du Berry* de M. Raynal, I, p. 5 et 6. Voir aussi le *Bulletin Statistique* publié par la Commission Historique du Cher, p. 115.

des marécages formés par les deux rivières plus haut désignées, et pour punir sa femme de son obstination, le colossal fondateur l'aurait condamnée à apporter elle-même dans son *tablier* la terre nécessaire pour donner à la future ville une assiette solide ; c'est ainsi qu'aurait été produit le contrefort sur lequel s'élève aujourd'hui Bourges, non sans que les cordons du tablier de l'ouvrière gigantesque se fussent plusieurs fois rompus, et que les matériaux ainsi perdus eussent formé dans les campagnes plusieurs éminences fortuites, du nombre desquelles la narration traditionnelle cite encore la Motte d'Humbligny comme faisant partie.

M. Raynal, dans son *Histoire du Berry*, (*loco citato*), et M. Boyer, dans son *Guide* anonyme *de l'Etranger dans la ville de Bourges*, (Vermeil, 1848 et 1855, p. 4), paraissent admettre que la légende conservée par M. de Barral symbolise une colonisation phénicienne : la légende, plus récemment recueillie que nous venons d'analyser, semblerait donner un nouveau poids à ce système, en faisant pénétrer le Grand Géant dans le pays par le rivage de la Loire, ce qui s'appliquerait bien à un peuple navigateur. Pour nous, et sans prétendre discuter plus longuement cette attribution, nous nous bornerons à rappeler que les récits populaires, en Berry et dans bien d'autres lieux, attachent à tous les monuments celtiques le souvenir mystérieux d'un gigantesque personnage qui a fourni à Rabelais le type tout fait de son Gargantua (1); et asseyant notre conclusion à l'abri de ce souvenir, nous dirons qu'à nos yeux la double tradition relative au Grand Géant, dont Chaumeau semble avoir connu quelque chose, garde peut-être une vague réminiscence de la fondation d'une forteresse, point central de ralliement, par les Celtes, lorsque 700 ans environ avant J.-C , contraints de céder du terrain à l'un de ces flux qui apportèrent successivement à l'antique Gaule un

---

(1) La tradition paraît avoir donné au curé de Meudon, non seulement l'idée mais encore le nom de son héros. Le peuple des environs de Bourges raconte encore au sujet de la Motte-Montpeloux, tumulus gaulois sis au milieu des Vignes du Château, à environ deux kilomètres au sud-est de la ville, une confuse légende où sont mêlés monuments et époques, et d'après laquelle Gargantua, assis au sommet de la tour de la cathédrale, aurait en secouant la boue attachée à l'un de ses souliers, formé ce monticule. Par une coïncidence remarquable, on donne dans l'Indre le nom de *Dépattures de Gargantua* à des monticules analogues, dont le plus considérable existe auprès de Clion et se nomme le *Pied* ou *Puy de Bourges* ; Gargantua, rapporte-t-on, ayant un pied à Bourges, aurait posé l'autre en ce lieu, et, nettoyant ses chaussures, aurait fait sauter des *dépattures* au loin (V. *Esquisses pittoresques de l'Indre* par M. de la Tremblais). M. le comte Jaubert qui avait résumé dans le premier volume de son *Glossaire du centre de la France* au mot *dépatture,* la tradition du département de l'Indre, a, dans le supplément qui se trouve à la fin de son second volume, et sur une note de nous, indiqué pour la première fois, nous le croyons du moins, celle de nos vignerons et paysans du Cher.

nouveau contingent de tribus, ils se concentrèrent dans cette intermédiaire portion du sol Gaulois, qui de leur nom s'appela la Celtique (1). Avarich devait donc exister, mais probablement ville nouvelle, à l'époque où les Bituriges étaient à la tête de la confédération des Celtes. La ville aurait été bâtie, suivant nous, soit par cette confédération naissante, soit par ceux de ses membres qui, fixés antérieurement au nord de la Loire, se trouvèrent refoulés par l'invasion : c'est ainsi que s'expliquerait la donnée de la légende du Grand-Géant qui fait entrer ce mystérieux personnage dans le pays par la rive de ce fleuve. Quoiqu'il en soit, la résistance que, d'après toutes les versions de cette même légende, le fondateur quel qu'il fût, aurait éprouvée de la part des indigènes, semble indiquer un moment de commotion intérieure qui coïnciderait bien avec l'époque que nous indiquons.

Quant au nom d'*Avarich*, diverses étymologies ont été proposées pour l'expliquer. Ce

---

(1). Le premier historien du Berry appartenait à cette école singulière qui donnait sérieusement pour chef à la nation française, Francus fils d'Hector. En tête de la prodigieuse liste de princes bituriges fabuleux qu'il établit au début de son histoire, (V. livre 1, chap. 2), figure un Iolcus, petit fils de Neptune, ancien compagnon d'Hercule. Ne serait-ce point notre Grand-Géant, affublé d'oripeaux mythologiques par la bizarre érudition du XVIe siècle?

n'est point dans cette notice rapide qu'il nous serait possible de les rappeler toutes ; celle qui semble le mieux fondée en raison, il nous suffira de le dire, dérive *Avaric* ou *Avarich* des radicaux Celtiques *av* eau, *ar* pays, *ric*, *rich* ou *righ* riche. Ajoutons que Bourges est bien en effet la *ville des eaux*, et que les rivières qui l'entourent de leurs replis multipliés, portent encore dans leurs noms, — *Avron* ou Auron (1) ; *Avre*, *Evre* ou Yèvre (*li Evre*) ; *Avrette* ou *Evrette*, et définitivement depuis un peu plus d'un siècle, Yèvrette ; — la trace peu altérée de la similitude de dénomination qui les rattachait à la ville sortie de leurs marais (2).

---

(1) Nous devons, pour être exact, dire que d'anciens documents de la basse-latinité nomment cette rivière *Utrio* ou *Ultrio*, et même *Otrio*, d'où peut-être pourrait venir par corruption le nom moderne. Mais aussi pourquoi ne pas admettre que ce nom d'Auron qui a prévalu, ne soit autre que l'appellation celtique, primitive, conservée traditionnellement dans le langage populaire ?

(2) Chaumeau, page 244 de son histoire, remarque déjà que du fleuve d'Evre, *comme l'on dit, fut nommé Avaricum*. — Un savant de nos jours a été frappé de cette persistance du même radical dans le nom ancien de notre ville et dans ceux de ses rivières ; mais au lieu de considérer ce radical au point de vue de la langue des Celtes, il obéit à des idées systématiques plus que contestables, et, l'expliquant par le latin, il fait d'*Avaricum* la ville de l'*avare* Achéron ! (ÉLOI JOHANNEAU- *Nouvelle restitution et explication d'une inscription gréco-latine du IVe siècle, tracée sur un vase de terre cuite trouvé près de Bourges en* 1848 ; page 14).

L'*Avaricum Biturigum*, l'Avaric des Bituriges, est devenu BOURGES par suite de la loi philologique qui a fait Paris de la *Lutetia Parisiorum*, la Lutèce des Parisii : nous choisissons, entre plusieurs analogues, l'exemple le plus célèbre de l'application de cette loi. Cette transformation toutefois ne s'est opérée que longuement, et nous en suivons les traces d'âge en âge à partir des temps romains. Au IVe siècle, c'est *Biturigæ* dans Ammien Marcellin (1), forme qui se perpétue notamment au Ve et au VIe siècles (2). C'est *Biturigum* dans Paul Orose, au Ve siècle (3); c'est aussi, à la même époque, *Biturica civitas* (4), d'où *Biturica* qui figure au VIe siècle, concurremment avec *Biturigæ* et *Biturix* dans les récits de Grégoire de Tours (5) : cette dernière dénomination, malgré sa singularité et sauf changement de l'*x* en *s*, se poursuit dans la basse-latinité jusqu'à Louis VIII et même plus tard (6).

---

(1) Voir l'*Histoire du Berry* de M. Raynal, I, page 87, textes cités. — Nous signalons pour les différents noms que nous indiquons, la première date de leur apparition dans l'histoire.

(2) *Ibid.* p. 154 et 175.

(3) *Ibid.* p. 87.

(4) *Ibid.* p. 141.

(5) *Ibid.* p. 167, 175 et 170.

(6) *Priviléges de Bourges*, éditions de 1643 et de 1661, première charte. — A l'occasion du nom *Biturix* ou *Bituris*, Chaumeau inventa son fantastique Biturix, fils de Cube, « prince bien morigéné, » et l'an

Puis les premiers balbutiements de la langue romane se font entendre : sous cette influence *Biturica* devient, dans les chroniqueurs latins de l'époque, *Bitorica civitas* et bientôt *Betorica*, de même que *Bituricæ* fait *Betoricæ* (1); *Biturigæ* se métamorphose en *Beturigas* (2), *Beturegas* (3), *Beturgas* et *Betoregas*; enfin les monétaires mérovingiens qui nous ont fourni les deux dernières leçons, laissent tomber le T celtique et romain, ils écrivent *Beoregas* (4); et le vulgaire des siècles suivants dit *Bohorges*, *Boorges* (5) ou *Borges* qui s'est conservé jusqu'à nos jours dans le patois berrichon, — et simultanément *Bouourges* (6) et *Bourges* enfin qui nous est resté.

Un dernier mot sur l'étymologie du nom des Bituriges Nous n'en chercherons point

---

1510, Geofroy Tory écrivit ce vers si souvent cité sans nom d'auteur :

<blockquote>Turribus à binis inde vocor Biturix.</blockquote>

Jeu de mots poëtico-étymologique où le savant citoyen de Bourges donne carrière à son goût pour l'allégorie. (*Geofroy Tory*, par Auguste Bernard, *Paris*, 1857; p. 7). De ces deux tours, l'une aurait été la Grosse-Tour que l'on faisait jadis remonter à nos temps *héroïques*; l'autre aurait été construite ou simplement projetée sur l'emplacement des Arènes (CHAUMEAU, *Histoire de Berry, passim*).

(1) RAYNAL *ibid.* p 204, 212 et 213
(2) *Ibid.* p. 202.
(3) *Ibid.* p. 192.
(4) *Ibid.* p. 186.
(5) *Ibid.* p. 39.
(6) *Ibid.* p LXXXV, et tome II p. 585.

l'origine dans les hallucinations divergentes du vieux Chaumeau qui tantôt semble rattacher nos ancêtres au Biturix dont nous avons parlé plus haut, tantôt en fait les descendants du patriarche Gomer *Bitogiges*, ce qui suivant lui signifie *fils de Noé !* Ce serait, comme dit le P. Labbe, prêter au lecteur un juste sujet de rire de notre simplicité (1). Bullet, en ses mémoires sur la langue celtique, a recherché dans le mot *Bituriges*, les radicaux cachés sous l'enveloppe romaine et qui seraient selon lui : *beut*, *beit*, moutons ; *rich* (ou *righ*) riche, le même radical que pour la dernière partie du nom d'Avarich. Les Bituriges seraient donc le peuple *riche en moutons*. Il est superflu d'insister sur ce qu'effectivement les moutons sont dès longtemps la principale richesse du Berry, mais c'est peut-être ici le lieu de rappeler les armes de Bourges. « La ville de
» Bourges, capitale du Berry, de temps immémorial porte d'azur à trois moutons
» passants d'argent, accornés de sable, accolés de gueules, clarinés d'or, 2. 1. à la
» bordure engreslée de gueules, au chef cousu de France, que l'on y a adjousté par
» une meure délibération *depuis quelques années en çà*. (2) » Cette adjonction eut lieu

---

(1) Chaumeau, *Histoire de Berry*, p. 5 et 6. — Le Père Labbe, *Histoire du Berry abrégée dans l'éloge panégyrique de la ville de Bourges*, 1re partie § IV.

(2) Le P. Labbe, *ibid.* § XXV.

dans la première partie du XVIIe siècle, le P. Labbe auquel nous empruntons ce passage, ayant écrit vers 1642 son ouvrage édité en 1647 par le libraire parisien Gaspard Meturas.

II.

La ville celtique, (et nous traduisons les termes mêmes que César met dans la bouche des Bituriges, lorsqu'ils réussirent à la faire excepter de l'incendie patriotique allumé sur e passage des Romains), la ville celtique d'Avarich, *la plus belle pour ainsi dire de toute la Gaule,* entourée presque de toutes parts de rivières et de marécages, n'avait d'accès que par une étroite langue de terre (1). Suivant M. de Saint-Hyppolite, l'*oppidum* primitif était protégé au sud, du côté accessible, par un long *agger* ou parapet en terre et en pierre, et du côté du marais par une ceinture de buttes dont toutes les traces n'ont pas disparu, et qui gardaient les divers passages (2).

Lorsque César vint l'assiéger, Avarich était défendu par un rempart dont le conquérant nous donne la description : des madriers de 40 pieds environ de long étaient couchés par terre, dans le sens de la longueur, à deux pieds de distance l'un de l'autre ; des traverses intérieures les reliaient ; le vide extérieur était comblé par des gros blocs de pierre, le

---

(1) César, *De bello gallico*, l. VII, c. 15.
(2) *Diverses enceintes de Bourges.*

vide intérieur par de la terre entassée ; de nouveaux lits de poutres et de pierres disposées en échiquier, la poutre de l'étage inférieur supportant la pierre de l'étage immédiatement supérieur, formaient ainsi une enceinte agréable à la vue et d'une extrême solidité, les pierres employées dans cet habile système de fortification mettant la muraille à l'abri du feu, les poutres la défendant des ravages du bélier (1). C'est sur cette enceinte que les habitants d'Avarich, unis aux dix mille soldats que Vercingétorix avait jetés dans la place, combattirent avec un ingénieux courage et une merveilleuse ténacité qui peut-être auraient sauvé la ville si les assiégeants ne s'en étaient rendus enfin maîtres, comme dit le P. Labbe, « plustost par ruse que par valeur. »

Vers le commencement du 4e siècle, suivant le sentiment de M. de Saint-Hyppolite, les invasions imminentes des barbares produisirent chez les gallo-romains d'Avaricum, ainsi que dans la plupart des vieilles villes de la France, une sorte de commotion fiévreuse, d'immense effroi qui se produisirent par la rapide entreprise de fortifications qui pussent protéger la ville. Les monuments publics, les arcs-de-triomphe, les temples, les Arènes en partie, furent sacrifiés à la nécessité de la défense. Les fondations des murs furent

---

(1) César, *De bello gallico*, l. VII. c. 23.

formées de cinq ou six assises de grosses pierres, futs de colonnes, chapiteaux, frises, entablements, bas-reliefs, blocs couverts d'admirables sculptures ou à peine ébauchés, entassés pêle-mêle, sans ciment la plupart du temps, sans ordre apparent et non point cependant sans art. La partie de la muraille gallo-romaine qui se développait au-dessus du sol, était bâtie en *emplecton* ou petit appareil à assises en briques tantôt placées à plat, tantôt figurant quelques ornements.

Cette enceinte, tracée sur le plan dressé par le géographe De Fer en 1705, est encore visible, mais de moins en moins chaque année, le long de l'esplanade Saint-Michel, et dans le jardin public de l'archevêché ; puissent ces débris vénérables être enfin conservés avec respect, et puissent les hommes de notre temps, renonçant à un déplorable vandalisme, se rappeler qu'au moyen-âge, ainsi que l'avait ordonné Louis VII (1), quiconque était accusé d'avoir détruit quoi que ce soit des murs gallo-romains de l'antique Cité, était tenu de réparer immédiatement le dommage, au jugement des Prud'hommes de la ville, et de plus devait payer soixante sols d'amende ! L'enceinte de la Cité, — c'est ainsi qu'à Bourges comme à Paris, les chartes et les anciens historiens désignent la vieille ville, — apparente au

---

(1) *Priviléges de Bourges.*

sud, comme nous l'avons dit, et défendue sur tout son parcours par de nombreuses tours, passe à travers ou sous mille constructions particulières ou publiques, et forme une sorte d'ovale que circonscrivent à l'extérieur, de plus ou moins près, le jardin de l'Archevêché, la rue de Bourbonnoux, la place Gordaine, la rue des Augustins, la rue Mirebeau, la rue des Toiles, la rue des Arènes, la rue Saint-Paul, ancienne rue des Sues, la Vallée Saint-Paul et l'esplanade Saint-Michel, et que contournent intérieurement à une plus ou moins grande distance, depuis la Cathédrale jusqu'à la Préfecture, la rue Porte Saint-Jean, la rue des Vieilles-Prisons, la rue de Paradis, (ainsi nommé par opposition à rue d'Enfer ou Rue-Inférieure, *vicus inferus,* noms anciens des rues Mirebeau et des Augustins), la rue Jacques-Cœur, la place des Quatre-Piliers, la rue des Armuriers, et partie de la rue du Vieux-Poirier. La ville gallo-romaine avait quatre portes : la porte Gordaine par laquelle sortait la voie qui menait à Château-Gordon aujourd'hui Saint-Satur (1) ; la Porte Neuve dont le nom d'une de nos rues garde toujours le souvenir ; la porte Turonoise, Tournoise, ou de Tours, d'où partait la voie qui menait à cette ville,

---

(1) Le peuple de Bourges nomme encore *Porte* ou *Pô-Gordaine* ou *Cortaine*, la petite place où aboutit le rue actuelle de Cour-Sarlon, à l'extrémité inférieure de laquelle la porte romaine devait jadis s'ouvrir.

porte dont on voit des restes dans les caves des maisons qui bordent la rue d'Auron, un peu au-dessus du carrefour formé par cette rue et les rues des Arènes et de Saint-Paul ; enfin la porte de Lyon. Celle-ci était encore en 1682, flanquée de deux tours en grand appareil dont Catherinot a écrit : « Elles ne » sont point de menues pierres, ni briquetées » comme les autres tours, mais bâties de fort » grosses pierres et à la Romaine, sans chaux » et sans sable (1). » L'une d'elles a dû disparaître dans l'établissement définitif du jardin de l'Archevêché, peu de temps sans doute après Catherinot ; quant à la dernière, dans laquelle plusieurs antiquaires ont voulu à tort découvrir un petit temple, un *sacellum* antique, par suite sans doute des pilastres extérieurs dont elle était ornée, nous avons eu le regret de la voir, en 1853, lors des travaux exécutés pour la réouverture de la porte de Lyon, tomber sans nécessité aucune, précédant de quelques années seulement la démolition également intempestive de sa sœur, la tour de l'esplanade Saint-Michel, abattue dans le courant de l'hiver de 1857.

Dans les premiers siècles de l'ère franque, Bourges eut bientôt franchi les étroites limites de la muraille gallo-romaine. « Charlemagne, » à ce que porte l'ancienne tradition du païs, » — dit le Père Labbe, — fit tirer les mu-

---

(1) *Antiquités romaines de Berry.*

» railles que nous voyons, depuis la porte
» Bourbonnoise... jusqu'à la porte appelée
» de son nom la porte Charlotte (1), au lieu
» où le petit ruisseau d'Aurette se jette dans
» la ville. La mesme tradition porte que le
» mesme Empereur fit fermer de murailles
» tout le bourg de Saint-Fulgent, la grande
» ruë d'Auron, et celle de Montchevry (2),
» qui mène droit à la porte de Saint-Sulpice,
» et ce jusques auprès de la Tour Clément,
» où paroist encore la reprise du mur, joi-
» gnant la sortie du petit ruisseau d'Aurette,
» dont nous venons de parler (3). »

Peut-être vers la même époque, peut-être
et plus vraisemblablement vers les temps où,
sous les derniers Carolingiens, les Comtes
de Bourges se rendirent indépendants, fut
construit un donjon au lieu duquel, ou plus
probablement près duquel, vers 1189, Phi-

---

(1) C'est aujourd'hui la porte Saint-Louis : ce nom lui a été imposé en 1681, à l'occasion de sa réouverture opérée en cette année par les soins de la municipalité ; elle avait été fermée en 1562, pendant ou après le siége de Bourges, par Charles IX.

(2) Actuellement rue Saint-Sulpice.

(3) *Eloge panégirique de la ville de Bourges*, première partie § XXI. Ce passage du P. Labbe n'est qu'une reproduction pour ainsi dire littérale d'un texte de Chaumeau (Voir *Histoire du Berry*, p. 224 . Nous copions néanmoins de préférence l'écrivain du XVIIe siècle parce qu'il établit un fait important, à savoir que de son temps, c'est-à-dire vers 1650, les traces du mur de Charlemagne étaient toujours visibles aux deux points qu'il signale.

lippe-Auguste fit élever la jadis célèbre Grosse Tour de Bourges (1), sur un emplacement que coupe l'extrémité de la rue Moyenne actuelle, vers la porte de Lyon. La Grosse Tour n'avait point sa pareille ailleurs, au rapport d'un vieux géographe (2). Philippe-Auguste en fit une forteresse, entourée de fossés à fond de cuves et de murs ou courtines reliant cinq tours, dont trois appartenaient à l'enceinte gallo-romaine; Louis XIV qui voyait dans cette vieille citadelle une sorte de menace permanente, et comme le fantôme d'une opposition féodale, en ordonna la destruction qui, commencée par la mine dans les derniers mois de 1651, ne fut entièrement achevée qu'en 1653. « Cette tour avait par le bas, à rez-de-
» chaussée, de dedans en dedans, vingt-neuf
» pieds de diamètre, et de dehors en dehors,
» soixante-un pieds, et de circonférence en
» tour, par dehors, cent-quatre-vingt douze
» pieds ; de hauteur à rez-de-chaussée cent
» pieds, et de la base du fossé cent vingt
» pieds (3). » Plusieurs fameux prisonniers

---

(1) Les textes rassemblés par M. Raynal (*Histoire du Berry*, II, p. 85 et 86, tranchent définitivement dans ce sens la question longtemps douteuse de l'origine de la Grosse-Tour.

(2) *Les Rivières de France*, par le sieur Coulon ; Paris, Gervais Clousier, 1644, 2 vol. in-8. — Il faut noter dans le *Dict des Pays*, pièce du XVIe siècle, ce vers :
A Bourges sont les fourteresses.

(3) LABOUVRIE, p. 137.

d'état y furent détenus : nous n'en citerons qu'un, le duc d'Orléans, depuis Louis XII.

Non content d'avoir protégé solidement par sa Grosse-Tour le côté faible et accessible du rempart de Bourges, Philippe-Auguste répara une partie des fortifications de Charlemagne et de plus, donnant à la ville sa forme et sa circonférence actuelles, il augmenta au nord le développement de l'enceinte, de manière à comprendre dans une sorte de vaste demi-cercle les bourgs qui s'étaient élevés autour des deux abbayes de Saint-Laurent et de Saint-Ambroise, lesquelles contribuèrent, dit-on, aux dépenses de constructions qui assuraient leur sécurité future en les incorporant à la ville fortifiée (1).

En 1562, *au temps des troubles douloureux*, les murs du côté de Charlet furent battus en brèche par l'armée de Charles IX,

Du tout défaits,
Puis par bons habitants refaits,

comme disait une vieille inscription posée en 1570, lors des travaux, dans la muraille réparée. Cette inscription aujourd'hui disparue, nous a été conservée par la plupart de nos historiens.

A partir du règne de Louis XIV, les administrateurs de la ville abandonnèrent l'entretien des fortifications. De prétendus tra-

---

(1) CHAUMEAU, *Hist. de Berry*, p. 204. — SAINT-HYPPOLITE, *Diverses enceintes de Bourges*.

vaux d'embellissement dont nous aurons occasion de parler à propos des promenades, ont depuis détruit en presque totalité ce que le temps avait déjà ébranlé. Ces murailles quelque ruinées qu'elles soient, portent encore témoignage de la vieille importance militaire de Bourges. Nous le répétons, puissent les débris qui nous en sont restés, débris de tous les âges, être sauvés définitivement du barbare marteau des démolisseurs qui les menace tous les jours ! (1).

A part l'enceinte fortifiée dont il ne subsiste plus que si peu de traces, le dessin d'ensemble de la ville de Bourges esquissé en 1643 par le P. Labbe, est encore presque exact : « La forme de la ville est presque
» circulaire, ou plustost faite en Ovale, très-
» grande et spacieuse, contenant de circuit,
» au rapport du sieur de Lassay (Chaumeau),
» quatre mil quatre toises, ou environ, munie
» de quatre-vingts tours, assez hautes et
» épaisses pour servir de deffense à la cour-
» tine du mur; et par le moyen tant de la
» largeur et profondeur de ses fossés, du côté
» de Bourbonnois, que des marais d'une
» très-grande estenduë, et des rivières de
» Moulon, Evre et Auron, de tous les autres
» endroits, estoit très-forte, et quasi impre-

---

(1) Nous ne voulons pas croire que l'on ait sérieusement, comme cela nous a été dit, le projet d'abattre les trois tours et les restes des fortifications du moyen-âge qui bordent la place Misère.

» nable devant que les foudres et tonnerres
» fussent tombez des nuës dans les bouches
» ardantes de nos doubles canons. Il y a
» sept Portes ou entrées, sans conter quel-
» ques petites poternes, et s'appellent de
» Bourbonnois, du pont d'Auron, de Sainct-
» Sulpice et Sainct-Privé : qui sont les prin-
» cipales ouvertures en toute sorte de temps,
» et où l'on faict la garde en temps de guerre,
» qui fait fermer celles de Sainct-Paul,
» Sainct-Ambrois et Oysel (Voiselles). » Ajoutons qu'au moyen âge, il existait une porte du
nom de Saint-Médard, à l'extrémité des rues
du Prinal et Saint-Marc, et que l'on alla mo-
mentanément au faubourg Charlet par une
sortie pratiquée dans la Tour au Diable,
(tour encore existante à l'angle des places
Misère et Villeneuve). Pour en finir sur ce
point, disons qu'aujourd'hui dix portes ou
fausses-portes donnent accès dans la ville de
Bourges. Ce sont : 1° la porte de Lyon, dernièrement rouverte, la seule qui appartienne
à l'ancienne topographie gallo-romaine, bien
que nul signe architectonique ne rappelle
désormais son origine ; 2° à quelques cen-
taines de mètres à droite, en suivant le vieux
mur, la porte Saint-Michel ou porte de Fer,
de création relativement récente et figurant
déjà sur le plan de 1705 ; 3° la porte Saint-Paul;
4° la porte d'Auron, porte du pont d'Auron
du P. Labbe, qui a porté aussi le nom de
Porte - Auronoise, écrit *Ooronese* dans des

actes du xiiie siècle; 5º la Porte aux Oyes ou porte aux Voies, nommée jadis aussi fausse porte de Chappe; 6º la Porte Saint Sulpice; 7º la porte Saint-Ambroix ou Saint-Ambroise, un peu reportée sur la droite, voici quelques années, lors de la rectification de la rue du même nom; 8º la porte Saint-Privé, dite autrefois de Sologne; 9º la porte Saint-Louis; et enfin 10º la porte Bourbonnoux ou Bourbounoux, porte de Bourbonnais du P. Labbe, qui tire son nom, corrompu dès longtemps, de ce que la route du Bourbonnais y aboutissait. En 1487, le *portail* ou la porte de Saint-Privé était en bois, aussi fût-il dévoré par l'incendie célèbre qui dévasta Bourges le jour de la Magdelaine de cette année; l'auteur de la ballade sur ce funeste événement s'écrie :

> Que mauldit soit de fois cent mille
> Jehan Germain, lequel tant de bois
> Y mit, qu'il brûla cette fois! (1)

La porte Bourbonnoux, la porte Saint-Ambroise, la porte Saint-Sulpice et la porte d'Auron étaient défendues par de solides bastilles dont le plan de 1705 dressé par De Fer, donne encore l'indication : le *POVRTRAICT de la ville de Bourges*, joint à

---

(1) M. Labouvrie, (p. 339 de ses *Faits divers*) a publié cette ballade qu'il attribue faussement à Jaligny. Le 44e vers y manque : un manuscrit du 18e siècle que possède M. Vermeil, libraire à Bourges, contient une version de la ballade où cette lacune n'existe pas ; le vers inédit est ainsi conçu :

> Tout Saint-Michel et la Fourchaud.

l'histoire de Berry de Chaumeau, représente les fortifications particulières de la dernière de ces portes, ainsi que le sommet de la forte et haute *tour du coing de la porte Sainct-Paul*. Quelqu'imparfaite que puisse être au point de vue de l'art, cette vue du Bourges de 1566, le vieil auteur qui nous l'a transmise ne nous en a pas moins laissé ainsi l'un des documents les plus curieux et les plus précieux pour l'histoire de notre ville.

III.

Jetez en effet les yeux sur la vieille gravure, et là seulement, au milieu de cette forêt de tours, de tourelles, de clochetons, d'églises, de pignons pointus, de magnificences sculptées dont le dessin ne donne cependant qu'une imparfaite et lointaine image, là seulement vous pourrez prendre une confuse idée de ce qu'était le Bourges du moyen âge, de la renaissance et des derniers siècles (1). Combien peu nous reste-t-il de ces monuments divers qui faisaient ou la force ou la gloire de la ville ? Combien peu de ceux qui les avaient précédés ? Le temps qui ronge et dévore, des événements ignorés aujourd'hui, des nécessités impérieuses, les si-

---

(1) Voir également le curieux mais parfois inexact plan de Bourges au 16ᵉ siècle, donné par M. Raynal, d'après la description générale manuscrite des Pays et Duché de Berry, de Nicolaï. (*Histoire du Berry*, tome III.)

nistres, les grands désastres, le vandalisme de toutes les époques, tout cela, tour à tour ou simultanément, a pratiqué son œuvre et maintenant on compte les monuments épars et clair semés, les souvenirs s'oublient, et l'on voit avec étonnement surgir les débris antiques sous les fondations que l'on jette ou sous les ruines nouvelles que l'on fait.

Nous avons remarqué, dans ce qui précède, la constitution de la ville fortifiée opérée par trois peuples successifs : les Gaulois, les Gallo-Romains, les Français des différents âges. Nous allons maintenant promener un regard rapide sur la cité civile telle que les deux premiers de ces peuples la firent, réservant pour une étude postérieure l'examen du Bourges des ères franques et françaises, au point de vue de l'architecture domestique ou municipale, et l'historique des monuments religieux qui s'élèvent dans son enceinte durant ses diverses périodes.

Avarich était une des plus belles villes, la plus belle peut-être de toute la Gaule : César en répétant dans ses *Commentaires* ces paroles des Bituriges, leur prête toute l'autorité de ses propres observations. Mais de la ville de cette époque il ne reste et ne devait rien rester. Si le passage des Romains, après l'avoir ravagée, l'avait fait abandonner, sans doute les antiquaires trouveraient sur son emplacement comme à la cité de Limes en

Normandie, les traces et quelques débris des cases gauloises assises sur des excavations circulaires Mais heureusement et soyons en fiers, il n'en a pas été ainsi : des ruines d'*Avarich* est sorti *Avaricum* qui devint *Bourges* : les monuments gallo-romains, disparus eux aussi, ont remplacé les murailles ruinées des habitations gauloises qui devaient offrir dans leur construction, on peut le décider par la comparaison historique avec les murailles de l'enceinte, ce mélange de la pierre et du bois que la tradition architectonique locale a conservé jusqu'à nous, dans des conditions appropriées aux besoins d'une civilisation progressive. Nous n'avons donc que des conjectures et le témoignage assez vague de l'histoire pour nous renseigner sur l'histoire domiciliaire de l'Avarich qui tint tête à César. Peut-être dans ces caves innombrables qui, tortueuses et sans art, percent en tous sens le monticule où Bourges est fondé, peut-être nous reste-t-il quelque chose de la ville celtique primitive, quand nos rudes et sauvages ancêtres habitaient des souterrains : mais ce n'est là qu'une hypothèse probable et non jusqu'à présent suffisamment démontrée. Nous n'y insisterons donc pas (1). Nous ne possédons que deux monuments incontestables de la période

---

(1) V. *Bulletin Statistique* publié par la Commission istorique du Cher, *Période celtique*, chap. II, § 2.

celtique ou gauloise, ce sont le tumulus de la Motte-Montpeloux ou des vignes du Château, et le tumulus plus voisin de la ville, sis à l'extrémité du faubourg St-Privé, et connu de temps immémorial sous le nom d'Archelai ou Archelé (1).

Pour ce qui est de l'*Avaricum* gallo-romain, si, hormis la partie des fortifications que nous avons signalée, rien d'apparent ne nous a été conservé des monuments qui furent construits dans la ville ou près de ses murs, du moins avons-nous sur ces monuments ou quelques-uns d'entre eux, le témoignage précis de nos historiens, outre les remarquables débris que nous en possédons dans les pierres extraites de l'ancien mur de la Cité ; et du moins aussi pouvons-nous encore étudier sur des prolongements considérables, les aqueducs qui versaient en abondance

---

(1) Nous avons eu entre les mains, il y a quelques années une pierre par malheur adirée depuis, qui provenait de ce dernier tumulus. Elle était plate, de grain ordinaire, évidemment non taillée sur les côtés, n'affectant aucune forme particulière ; mais elle portait sur l'une de ses surfaces qui mesurait environ un décimètre dans sa plus grande largeur, plusieurs signes gravés assez profondément et analogues, — était-ce effet du hasard ou travail humain ? — aux caractères tracés dans le moule inexpliqué trouvé à Sancerre, déposé au musée de Bourges, publié par M. Pierquin de Gembloux dans son *Histoire monétaire et philologique du Berry*, et classé, hypothétiquement il est vrai, par M Raynal, au nombre des antiquités gauloises de notre pays. (*Hist*. 1. p. 29).

aux habitants, les eaux indispensables à leurs besoins et à leurs plaisirs : monuments non point de la ville mais créés pour elle, et portant au loin comme une sorte de rayonnement de son bien-être et de sa splendeur.

Trois aqueducs parfaitement reconnus aboutissaient à Avaricum; un quatrième plutôt soupçonné que certain, devait y aboutir également (1).

Le plus important de ces aqueducs, celui qui est généralement connu sous le nom d'aqueduc de Blet, présente un développement de 42,500 mètres à partir des fontaines de Tralay, commune d'Ourouer (2). Intact encore sur la presque totalité de sa longueur, ainsi que quelques-unes des rigoles en béton, véritables conduits de drainage qui lui apportaient les eaux des côteaux

---

(1) Voir sur tous ces aqueducs, les recherches de M. de Barral, préfet du premier empire, publiées d'abord par les soins de sa famille, sous le titre : *Notice sur quelques anciens aqueducs.*, etc, 8 pages in-4, Bourges, 1835, et rééditées par M. Bourdaloue, sous ce nouveau titre : *Projet d'amener des eaux à Bourges* ; in-8, Bourges, 1852. — Voir aussi l'*Histoire du Berry* de M. Raynal, I, p. 9 l, et les auteurs cités en note à cette page.

(2) *Tracé et description de l'aqueduc romain, qui amenait à Bourges les eaux des fontaines de Tralay.* (Communication de M. Matrécy-Marechal, correspondant à Vierzon). BULLETIN DU COMITÉ DE LA LANGUE, DE L'HISTOIRE ET DES ARTS DE LA FRANCE, tome III, pp 428, 431.

près desquels il passait (1), il devait pénétrer dans la ville tout auprès de la porte de Lyon. Vers 1680, les ouvriers qui travaillaient aux fondations du grand pavillon de l'Archevêché, le trouvèrent à deux toises de profondeur (2); et vers la même époque M. de Guibert de Pesselière, chancelier de la cathédrale et de l'université de Bourges faisant creuser un puits dans son hôtel, sis dans le Cloître, le rencontra à une profondeur à peu près la même. Il y descendit accompagné de l'imprimeur Jean Toubeau et de plusieurs autres personnes : ils marchèrent environ deux cents pas sous la ville et aboutirent du côté de la Sainte-Chapelle (3). Ils suivaient sans aucun doute la conduite que des travaux de pavage opérés en 1849, dans la rue de l'Arsenal, ont mise à découvert, et que M. Maréchal considère comme constituant la branche de distribution qui desservait les Arènes. Avant de sortir de la Cité, cette branche de l'aqueduc fournissait des eaux jaillissantes à un bassin en granit ayant 1 mètre 60 cent. de diamètre, découvert en 1848 dans les fouilles de la maison construite par M. Bourdaloue à l'entrée de la place de l'Arsenal, au nord de l'emplacement de la Ste-Chapelle et un

---

(1) BOURDALOUE, *Première notice sur les eaux de la ville de Bourges*, br. in-8, Bourges, 1857, p. 6.

(2) CATHERINOT, *Bourges souterrain*.

(3) CATHERINOT, *Antiquités romaines du Berry*

peu au-dessus de la porte romaine de la ville. (1).

Le second aqueduc, dit M. de Barral auquel demeure l'honneur de l'avoir, ainsi que les aqueducs suivants, signalé le premier, amenait à Bourges les eaux de la fontaine de St-Jacques qui jaillissent au pied du village de Menetou, à 16 kilomètres de la ville : aux approches de Bourges cet aqueduc était supporté par des arcades dont on voyait encore, avant la Révolution de 1789, des restes assez bien conservés dans le vignoble qui s'étend au-dessus du bourg St Ladre.

Le troisième dont on ne connaît pas le point de départ, a été reconnu par M. de Barral entre Fenestrelay et Bourges. Il a été coupé en 1846, par la tranchée ouverte par le passage du chemin de fer du Centre, dans la colline qui domine le château de Chappes.

Quant au quatrième on présume, ainsi que le constate M. de Barral, qu'il aurait amené de la montagne de Haute-Brune à Bourges, les eaux des fontaines de Bléron et de la Lune ; eu égard à la situation de ces sources il se serait développé sur une longueur de 14 kilomètres environ.

« Il y a bien du rapport, dit Catherinot, » entre l'Amphithéâtre et l'Aqueduc : ce » sont deux frères jumeaux. » En effet, et nous venons de le voir, les découvertes mo-

---

(1) BOURDALOUE, *Première Notice*, p. 7.

dernes tendent à démontrer que l'aqueduc de Tralay le seul qui fût connu du vieil historien, allait, ainsi qu'il le supposait, porter aux Arènes le tribut de ses eaux jaillissantes, soit pour leurs Naumachies, soit simplement pour leurs fontaines d'ornementation : en justifiant ses conjectures, elles justifient par celà même la transition par laquelle, établissant une sorte de parenté entre les deux monuments, il passe, contrairement toutefois à l'ordre que nous avons nous même adopté, de l'étude de l'un à l'étude de l'autre,

Le monument connu dans l'histoire locale sous le nom d'*Arènes* était un Amphithéâtre. Nos anciens historiens sont précis à ce sujet, et la forme elliptique conservée par la place publique qui lui a succédé, tout en indiquant par approximation la mesure de l'ancien édifice, confirme leurs assertions à cet égard. Néanmoins quelques-uns ont donné par inadvertance le nom de Théâtre à notre Amphithéâtre, d'où une confusion et même, chez certains écrivains étrangers au Berry, une erreur qu'il importe de combattre et de détruire, s'il est possible, à son origine, et d'après laquelle Avaricum aurait eu Amphithéâtre et Théâtre (1).

Il y a probabilité que la ville gallo-romaine posséda effectivement ces deux monuments

---

(1) V. *Revue des sociétés savantes* I, p. 281.

aux temps de sa splendeur ; mais l'histoire ne devra faire de cette hypothèse une certitude, qu'à l'époque où des ruines bien probantes auront été mises au jour ; et cette découverte nous paraît impossible après les innombrables bouleversements que le sol de Bourges a subis. Transformées en quelque sorte en carrières par les constructeurs des murailles gallo-romaines et par ceux de la Grosse-Tour, suivant notre tradition historique, les Arènes ou l'Amphithéâtre étaient encore suffisamment bien conservées au seizième siècle pour que l'on ait pu, en élevant une scène en bois à deux étages sur l'un des côtés de l'antique monument, représenter dans son enceinte en l'an 1536, le célèbre *Mystère des Actes des Apôtres*, et faire retentir ainsi du triomphe de la religion chrétienne des échos assoupis depuis l'époque où peut-être, à quatorze siècles de distance, ils avaient répété les cris de la foule acclamant le martyre des premiers chrétiens berruyers déchirés par les bêtes. Cette solennité avait jeté un puissant intérêt sur l'Amphitéâtre et, comme le fait remarquer M. Raynal, la Coutume de Berry, rédigée trois ans après, défendit *sur peine d'amende arbitraire d'apporter aucunes ordures, immondices, terres, pierres, grauois ou autres choses quelconques... en la fosse des Arènes.* En 1619, la municipalité de Bourges mal conseillée, abrogea de sa pleine autorité cet article du droit local : elle abattit les murailles encore debout, nivela tant bien que mal l'emplacement, dont elle fit un marché nommé *Place Bourbon*, en l'honneur du prince de Condé alors gouverneur du Berry, et pour éterniser le souvenir de son bel exploit, elle grava une inscription orgueilleuse sur la base d'une croix élevée au centre de la place. (1) Par un juste retour des choses d'ici-bas, cette inscription a disparu elle-même, voici quelques années, dans des travaux de nivellement nouvellement exécutés,

M. Raynal dans son *Histoire du Berry* (2). et M. le Comte Jaubert dans sa *Notice* sur cet ouvrage, ont tour à tour exprimé en quelques phrases émues, le méprisant regret que doit inspirer l'acte barbare des officiers municipaux de 1619, de ces édiles à contre-sens, comme les appelle M le Comte Jaubert. (3) Nous associons de grand cœur notre faible voix à cette démonstration. La réprobation rétrospective qui frappe les démolisseurs des Arènes, donnera sans doute à réfléchir à ceux qui seraient tentés de les imiter et de porter la pioche et le marteau sur les anciens monuments, intacts ou déjà en ruines, qui sont, quoique le prétendu bon goût moderne en puisse dire, les ornements

---

(1) *Histoire du Berry*, 1, p. 92.
(2) *Loc. cit.*
(3) *Notice sur l'histoire du Berry de M. Raynal*, in-8°, Paris, Chaix, 1855 ; p. 5. — Extrait des publications de la Société de l'Indre actuellement Société du Berry.

de la ville, témoins vénérables de sa gloire et de son passé.

Mais, tandis que tout semble s'être ligué contre les monuments publics de la civilisation romaine et les monuments particuliers de quelque importance, pour les faire périr sans retour, les pierres tumulaires, après un enfouissement qui a duré de longs siècles, surgissent de nouveau à la lumière, nombreuses, souvent intactes et presque toujours intéressantes au plus haut degré. Il semble que leur réapparition à notre époque, soit comme une sorte de présage symbolique de la résurrection suprême de ceux dont elles ont marqué la sépulture et dont elles portent encore, pour la plupart, le nom gravé à leur front.

Un des savants enfants du Berry, le Père Chamillard, nous avait conservé dans ses ouvrages le dessin de la stèle élevée par la piété conjugale du Biturige Tenatius Martinus à la mémoire de Julia Paullina (1), trouvée vers 1680, dans les fondations profondes du Grand Séminaire (actuellement caserne d'artillerie); cette magnifique pierre est aujourd'hui perdue pour nous; mais des découvertes récentes et multipliées nous dédommagent de cette perte. Sans parler des quelques stèles déposées au Musée de Bourges et qui, découvertes en 1844 au-dessus

---

(1) CHAMILLARD, *Dissertations*, p. 77.

du cimetière Saint-Lazare, ne présentent comme le fait remarquer M. Raynal, que peu d'intérêt (1), nous devons signaler les monuments du même genre, mais précieux à plus d'un titre, que les travaux d'agrandissement du cimetière des Capucins ont fait découvrir à plusieurs reprises, depuis quelques années, et qui sont en partie au Musée, en partie entre les mains de MM. Jules Dumoutet et Alfred de La Chaussée. La Commission historique prépare pour le prochain volume de ses mémoires, une étude curieuse sur ces derniers monuments : ce fait nous dispense d'entrer dans de plus longs détails.

Ajoutons ici, qu'une stèle ornée d'un personnage et portant une inscription malheureusement un peu fruste, a été trouvée, voici une vingtaine d'années, au pied du tumulus d'Archelai, et que le propriétaire du terrain l'a fait encastrer dans le mur d'une maison qu'il bâtissait à quelques mètres du lieu de la trouvaille. Disons aussi que d'après ce qu'on nous a affirmé, une autre stèle ferait partie du mur de la cave de celle des maisons de la rue du Vieux-Poirier qui se trouve faire directement face à la rue Notre-Dame-de-Sales, et qu'enfin nous avons vu nous-mêmes dans le mur de la cour d'une maison de la rue des Arènes, vis-à-vis l'an-

---

(2) *Hist.* p. 91.

cien couvent des Ursulines, un tout petit édicule funéraire gallo-romain qui toutefois n'offre qu'une légère importance.

Nous ne devons pas oublier de mentionner l'inscription du tombeau d'Aëtione, fille de Mamercus Lupus, gravée sur un bloc extrait des fondations de la tour de la porte de Lyon. Elle est ainsi conçue :

M M
AIITIONI
MAMERCI·LVPI
FILIAE

La beauté des caractères de ce monument épigraphique et la présence du point triangulaire lui assignent un caractère de haute antiquité. Il en est de même d'une particularité remarquable qui s'y rencontre ; particularité qui d'ailleurs lui est commune avec trois inscriptions d'Alichamps (1) et avec celle de l'une des dernières stèles du cimetière des Capucins : nous entendons parler de l'emploi du double I au lieu et place de 'E (2), ce qui rappelle la forme archaïque

---

(1) Caylus, Recueil d'Antiquités, III, p 376, pl. cn 4, 5, 6, cité par M. Raynal qui rapporte les textes de ces inscriptions, *Hist.* I, p. 79.

(2) V. dans le *Bulletin du Comité de la langue, de l'histoire et des arts de la France*, III, p. 95, une appréciation de M. L. Rénier, sur l'usage du double I.

du génitif dont s'est servi le poète Lucrèce dans le fameux vers :

Quæ, quasi cursores, *vitaï* lampada tradunt (1).

Le sujet que nous venons de traiter nous amène naturellement à dire quelques mots des cimetières d'Avaricum. Suivant l'opinion de M. A. de La Chaussée, le principal de ces cimetières était celui que l'on avait découvert en partie, sans toutefois soupçonner toute son importance, lorsque l'on construisit, en 1835, les écuries de Séraucourt. On mit alors notamment au jour de nombreux débris calcinés, de colossales amphores et les arcades d'un *columbarium*. Le nivellement du Champ-de-Foire commencé en 1848 et presque terminé actuellement, a nécessité l'enlèvement d'une masse considérable de terre, le long de la place Séraucourt, depuis les écuries jusqu'à l'extrémité de la promenade ; un grand nombre de sépultures ont été fouillées, et l'on y a trouvé une multitude de médailles impériales et une riche collection de mobilier funéraire qui rivalise avantageusement avec les merveilles archéologiques de la Normandie souterraine. Cette collection a été, dès l'abord, divisée au hasard des découvertes : le Musée de Bourges, M. de Girardot, M. Falaize, M. Jules Dumoutet,

---

(1) *De natura rerum*, liv. II, v., 78.

M. A. de La Chaussée, M. Desbans, M. Louriou possèdent des objets qui proviennent du Champ-de-Foire et qui sont des plus précieux pour l'histoire de l'art et de l'industrie céramique chez les gallo-romains bituriges. Tout cependant n'a pas été recueilli par des mains vraiment dignes : des brocanteurs ont lutté avec les amateurs sérieux, et souvent, on ne saurait trop le déplorer, la concurrence qu'ils leur ont faite, à tort et à travers, vis-à-vis des ouvriers employés aux terrassements, ont privé notre histoire locale de richesses qui auraient dû lui être conservées et qui, colportées au loin, perdent par celà même une partie de leur prix avec leur certificat d'origine. (1).

Indépendamment de ce cimetière, il en existait plusieurs autres le long des voies qui aboutissaient à la ville. En 1818, un *columbarium* souterrain remontant approximativement à la première moitié du IIe siècle, fut découvert à la suite de fouilles opérées

---

(1) Les antiquités du Champ-de-Foire ont déjà donné lieu à la publication de l'opuscule de M. Eloi Johanneau que nous avons cité dans une note précédente. M. de Girardot a également publié la reproduction lithographique au trait des objets qui ornent sa collection particulière. Il nous a semblé futile de vouer à l'histoire du cimetière gallo-romain de Séraucourt, un ouvrage complet ; nous l'avons entrepris avec le concours de MM. de La Chaussée et Dumoutet. Grâce à cette aide efficace, nous espérons mener notre entreprise à bonne fin.

dans un champ situé près du faubourg d'Auron et nommé depuis un temps immémorial le *Champ des Tombeaux* (1). Les stèles dont nous avons parlé plus haut donnent à penser que des lieux de sépulture existaient, durant l'ère gallo-romaine, aux places où on les a rencontrées. Enfin, notre ami, M. A. de La Chaussée, à la suite de découvertes fortuites opérées en 1853 et dont il s'est fait le consciencieux historien, a démontré l'existence d'un dernier cimetière de la même date dans le triangle formé par la Grande-Rue-de-Charlet, la Rue-Neuve et le chemin qui borde la place Villeneuve à l'est. Ce cimetière, que Catherinot paraît avoir soupçonné, serait, suivant les conclusions du travail que M. de La Chaussée lui a consacré, celui où les disciples de Saint-Ursin auraient déposé les restes mortels de l'apôtre du Berry (2)

---

(1) RAYNAL, *His*. tome I, p. 91.
(2) DE LA CHAUSSÉE, *Notice sur des sépultures gallo-romaines du faubourg Charlet, à Bourges*, broch. in-8° avec pl. (Extrait du tome 1er des Mémoires de la Commission historique du Cher).

BOURGES, IMPRIMERIE DE E. PIGELET.

www.ingramcontent.com/pod-product-compliance
Lightning Source LLC
Chambersburg PA
CBHW061005050426
42453CB00009B/1272